Philippe Legendre

J'APPRENDS À DESSINER
la campagne

FLEURUS

www.fleuruseditions.com

À l'attention des parents et des enseignants

Tous les enfants savent dessiner un rond, un carré, un triangle…
Alors ils peuvent aussi dessiner une pie, un tournesol ou un moulin à vent !
Notre méthode est facile et amusante. Elle apporte à l'enfant une technique
et un vocabulaire des formes dont se sert tout dessinateur.

La construction du dessin se fait par l'association de formes géométriques
créant un ensemble de volumes/surfaces. Il suffit ensuite, par une ligne droite,
courbe ou brisée, de donner son caractère définitif à l'esquisse.

En quelques coups de crayon un motif apparaît,
un peu de couleur et voici réalisée une belle illustration.

Cette méthode propose un apprentissage de la technique
et une première approche de la composition, des proportions, du volume,
de la ligne. Sa simplicité en fait une méthode où le plaisir
de dessiner reste au premier plan.

PHILIPPE LEGENDRE

Peintre-graveur et illustrateur, Philippe Legendre anime
aussi un atelier de peinture pour les enfants de 6 à 14 ans.
Intervenant souvent en milieu scolaire, il a développé
cette méthode pour que tous les enfants puissent
accéder à l'art du dessin.

Quelques conseils

1. Chaque dessin est fait à partir d'un petit nombre de formes géométriques qui sont indiquées en haut de la page. C'est ce qu'on appelle le vocabulaire de formes. Il peut te servir à t'exercer avant de commencer le dessin.

2. Fais l'esquisse du dessin au crayon et à main levée. Attention, pas de règle ni de compas !

3. Les pointillés indiquent les traits de construction qui doivent être gommés.

4. Une fois ton dessin terminé, colorie-le. Si tu veux, repasse en noir le trait de crayon. Et maintenant, à toi de jouer !

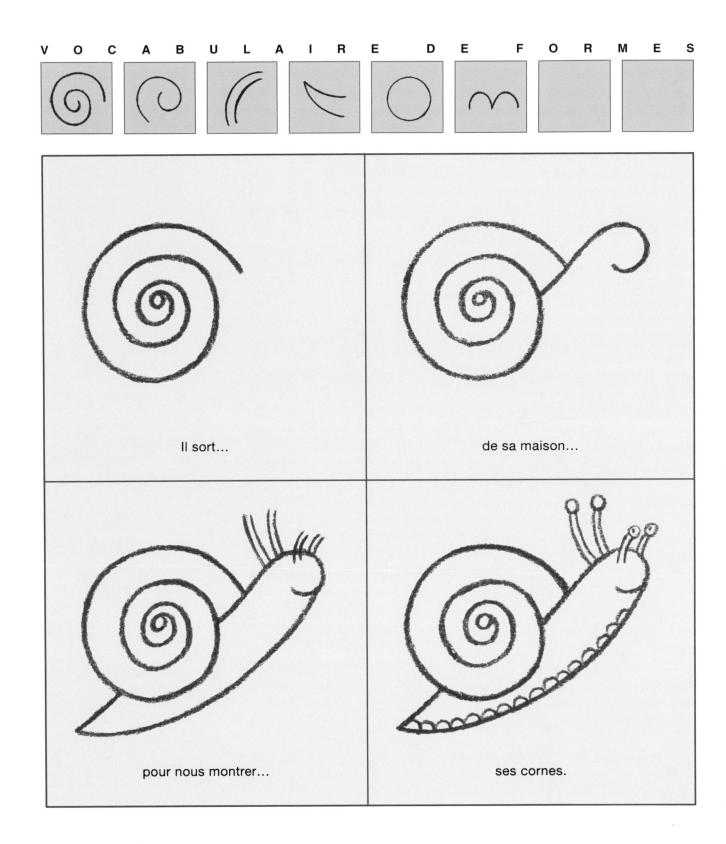

Il sort…

de sa maison…

pour nous montrer…

ses cornes.

L'escargot

Ses fruits sont jaunes...

ou rouges ou verts...

mais quand il est en fleurs...

il est blanc ou rose.

Le pommier

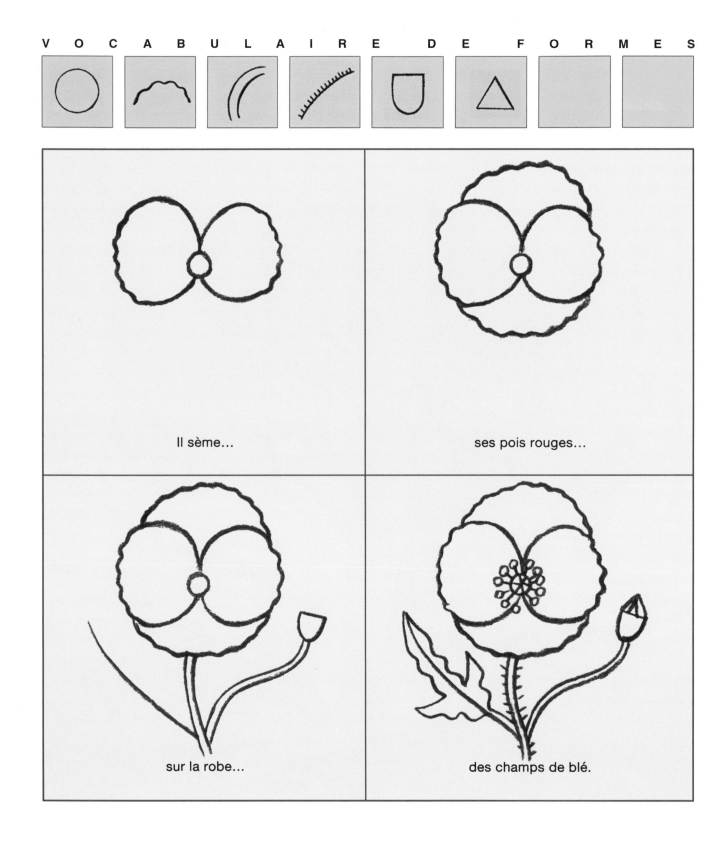

Il sème…

ses pois rouges…

sur la robe…

des champs de blé.

Le coquelicot

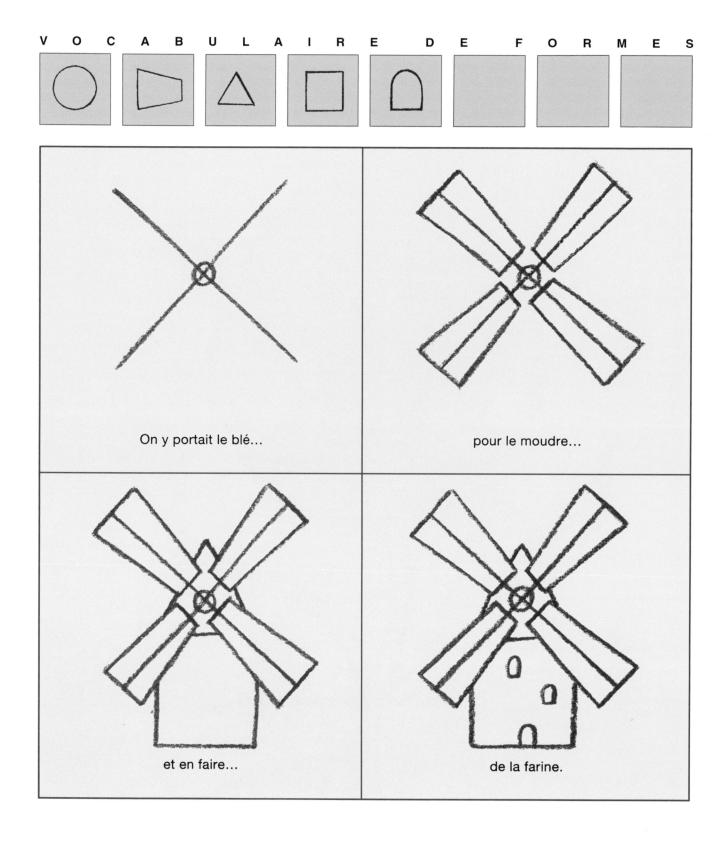

On y portait le blé...

pour le moudre...

et en faire...

de la farine.

Le moulin à vent

Il picore...

les graines de chardon :

c'est de là...

qu'il tient son nom.

Le chardonneret

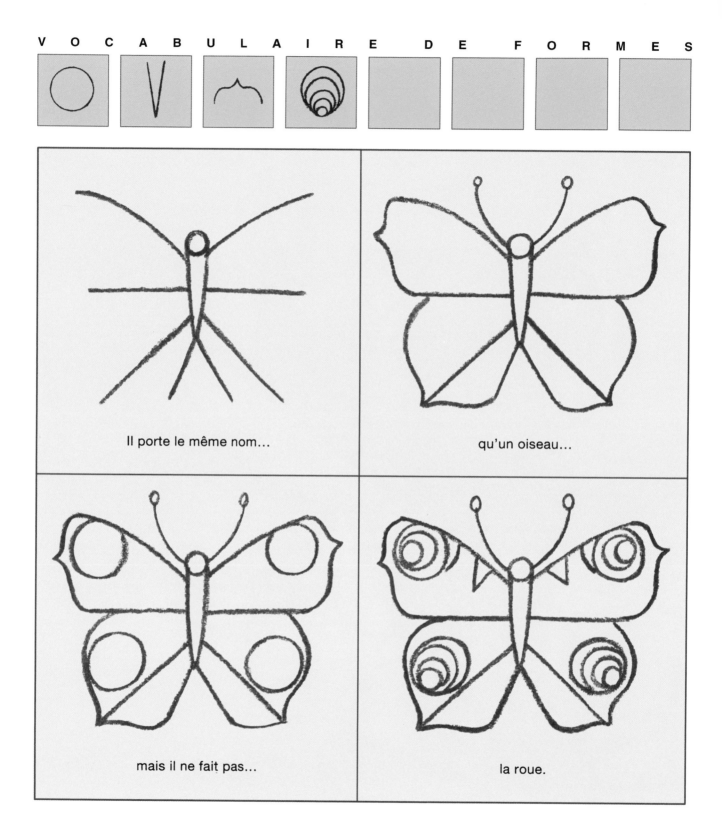

Il porte le même nom…

qu'un oiseau…

mais il ne fait pas…

la roue.

Le paon de jour

Il tourne…

sa tête…

pour suivre la lumière…

du soleil.

Le tournesol

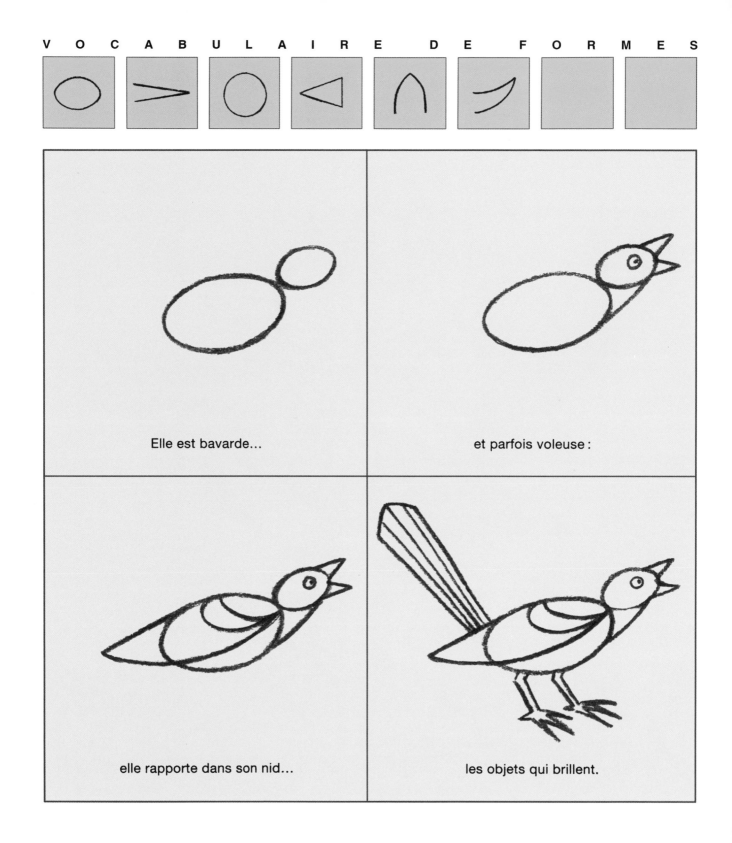

Elle est bavarde...

et parfois voleuse :

elle rapporte dans son nid...

les objets qui brillent.

La pie

Rayé...

comme un tigre...

il ne fait même pas peur...

aux fleurs.

Le flambé

Voici l'été; assis sous un arbre,

tu peux dessiner ton petit coin de campagne.

Loi n°49-956 du 16 juillet 1949 sur les publications destinées à la jeunesse.

Direction éditoriale : Christophe Savouré
Direction artistique : Armelle Riva, Danielle Capellazzi
Couverture : Armelle Riva
Conception graphique de la collection : Isabelle Bochot

© 2007 Fleurus Éditions (1re édition 1993)
15/27 rue Moussorgski, 75018 Paris
Dépôt légal : mai 2007
ISBN : 978-2-215-09414-2
ISSN : 1257-9629
3e édition - n° P 11042 - février 2011

Imprimé en France par Qualibris

J'APPRENDS À DESSINER

+ de 50 titres parus

une collection

J'APPRENDS À DESSINER les dinosaures

Philippe Legendre

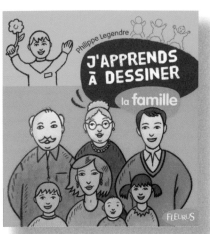

Philippe Legendre

J'APPRENDS À DESSINER la famille

Philippe Legendre

J'APPRENDS À DESSINER chevaliers et châteaux forts

Philippe Legendre

J'APPRENDS À DESSINER les contes

Philippe Legendre

J'APPRENDS À DESSINER la mer

Philippe Legendre

J'APPRENDS À DESSINER les animaux d'Afrique